Impressum
Verlag: BABADADA GmbH, Nedderfeld 112 , 22529 Hamburg
Geschäftsführer / Verlagsleitung: Harald Hof
Druck: Books on Demand GmbH, In de Tarpen 42, 22848 Norderstedt

Imprint
Publisher: BABADADA GmbH, Nedderfeld 112 , 22529 Hamburg, Germany
Managing Director / Publishing direction: Harald Hof
Print: Books on Demand GmbH, In de Tarpen 42, 22848 Norderstedt

sekoly
colegio

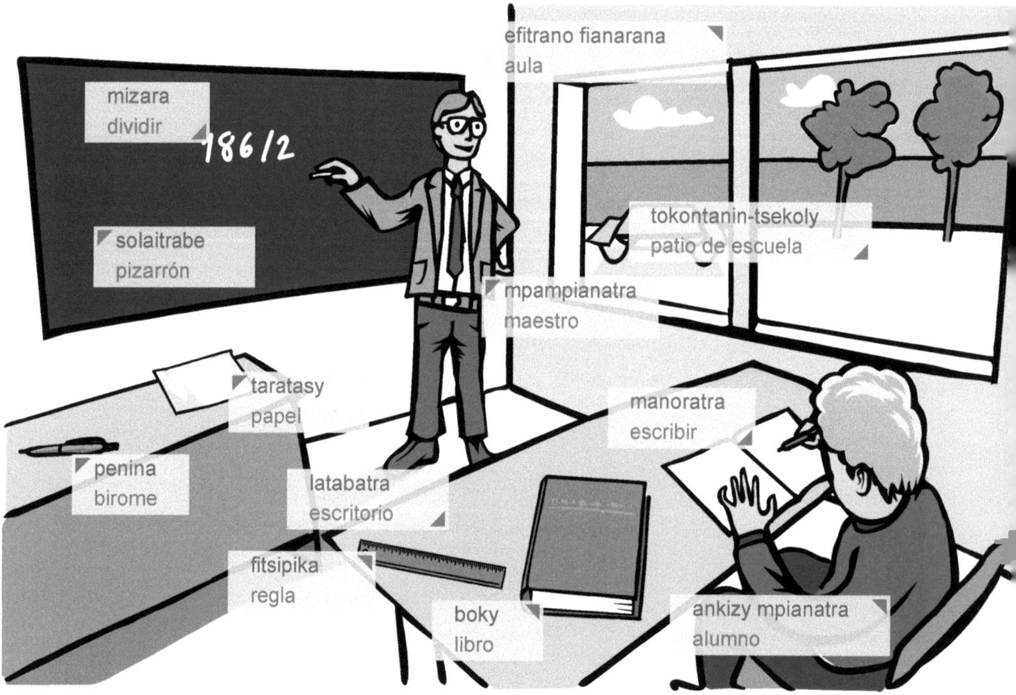
efitrano fianarana
aula
mizara
dividir
186/2
solaitrabe
pizarrón
tokontanin-tsekoly
patio de escuela
mpampianatra
maestro
taratasy
papel
manoratra
escribir
penina
birome
latabatra
escritorio
fitsipika
regla
boky
libro
ankizy mpianatra
alumno

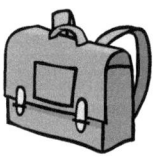

kitapo

mochila

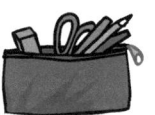

torosy

caja de lápices

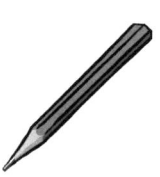

pensilihazo

lápiz

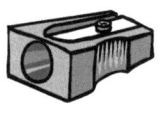

fandrangitana pensilihazo

sacapuntas

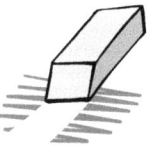

gaoma

goma (de borrar)

karne fanaovana sary

bloc de dibujo

sary
dibujo

borosy fandokoana
pincel

boaty loko
caja de pinturas

hety
tijera

lakaoly
pegamento

kahie fampiasàna
cuaderno de ejercicios

enti-mody
tarea

tarehi-marika
número

manampy
sumar

manala
restar

mampitombo
multiplicar

mikajy
calcular

taratasy
letra

abidia
abecedario

hello

teny
palabra

lahatsoratra

texto

mamaky

leer

tsaoka

tiza

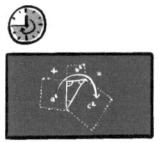

lesona

lección

boky fianarana

cuaderno de clase

fanadinana

examen

sertifikà

certificado

fanamian'ny mpianatra

uniforme escolar

fiofanana

educación

raki-pahalalana

enciclopedia

oniversite

universidad

mikraoskaopy

microscopio

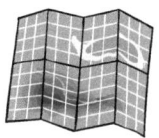

sarintany

mapa

fanariana fako taratasy

tacho (de basura)

fitsangatsanganana

viaje

hôtely
hotel
Grand
tranom-bahiny
hostel
ROOMS
toerana fanakalozana vola
casa de cambio
valizy
valija
fiara
auto

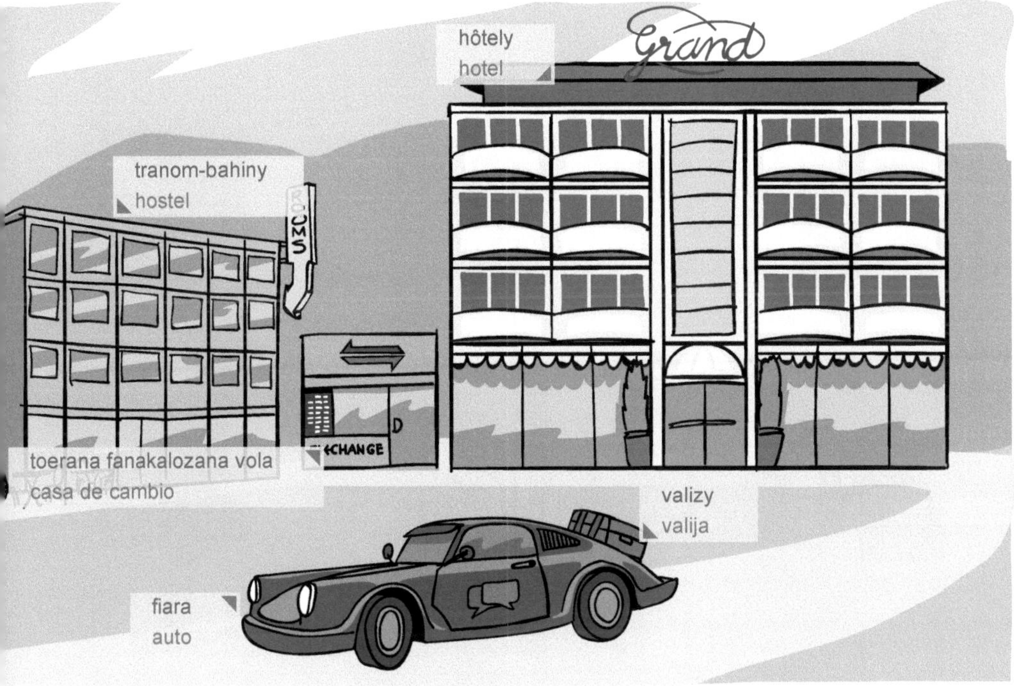

fiteny

idioma

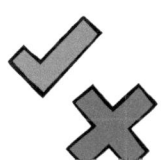

eny / tsia

sí / no

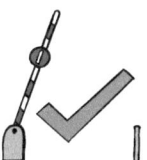

Eny àry

Está bien

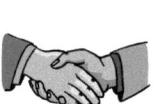

salama

hola

mpandika teny

traductor

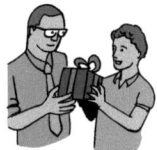

Misaotra

Gracias

ohatrinona...?

¿cuánto cuesta...?

Tsy azoko izany

No entiendo

olana

problema

Salama ô!

¡Buenas tardes!

Arahaba tra-maraina e!

¡Buenos días!

Tsara mandry ô!

¡Buenas noches!

veloma

adiós

fitantanana

dirección

entan'ny mpandeha

equipaje

harona

bolso

kitapo

mochila

vahiny

invitado

efitrano

habitación

fandriana enti-tànana

bolsa de dormir

tanty

carpa

birao miandraikitra ny fizahantany

información turística

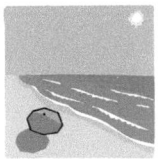

moron-tsiraka

playa

fahana amin'ny karatra

tarjeta de crédito

sakafo maraina

desayuno

sakafo atoandro

almuerzo

sakafo hariva

cena

tapakila

pasaje

ascenseur

ascensor

hajia

sello

tany manasaraka

frontera

fadin-tseranana

aduana

ambasady

embajada

visa

visa

pasipaoro

pasaporte

fitaterana
transporte

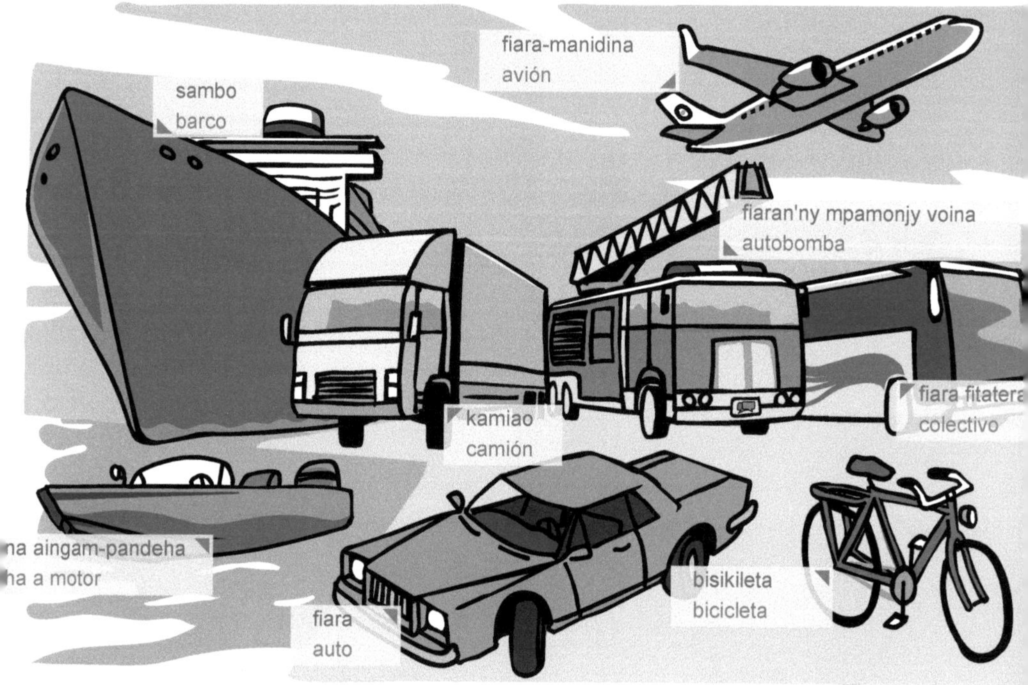

fiara-manidina
avión
sambo
barco
fiaran'ny mpamonjy voina
autobomba
fiara fitatera
colectivo
kamiao
camión
na aingam-pandeha
ha a motor
bisikileta
bicicleta
fiara
auto

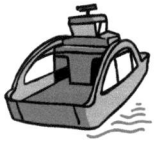

sambobe

ferry

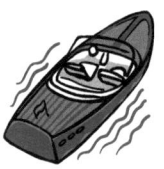

sambo

bote

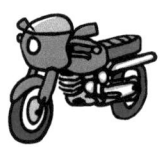

môtô

moto

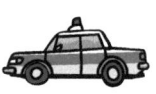

fiaran'ny polisy

patrullero

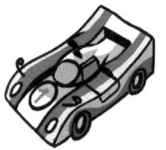

fiara mpihazakazaka

auto de carreras

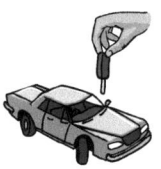

fiara fanofa

auto de alquiler

zara fiara

alquiler de autos

fiara etsy babeko

grúa

fiara mpitatitra fako

camión de basura

môtera

motor

solika

nafta

tobin-tsolika

estación de servicio

tondro fifamoivoizana

señal de tránsito

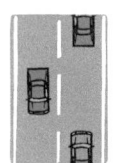

fifamoivoizana

tránsito

fitohanan'ny fifamoivoizana

embotellamiento

fitobian'ny fiara

estacionamiento

fiantsonan'ny fiaran-
dalamby

estación de tren

lalamby

vías

fiaran-dalamby

tren

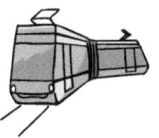

tramway

tranvía

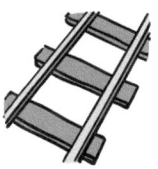

kalesy

vagón

angidimby

helicóptero

seranam-piaramanidina

aeropuerto

tilikambo

torre

mpandeha

pasajero

kaontenera

contenedor

baoritra

caja de cartón

chariot

carretilla

harona

canasta

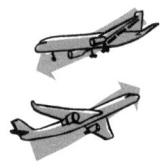

miainga / midina

despegar / aterrizar

renivohitra

ciudad

ambanivohitra

pueblo

afovoan-tanàna

centro de ciudad

trano

casa

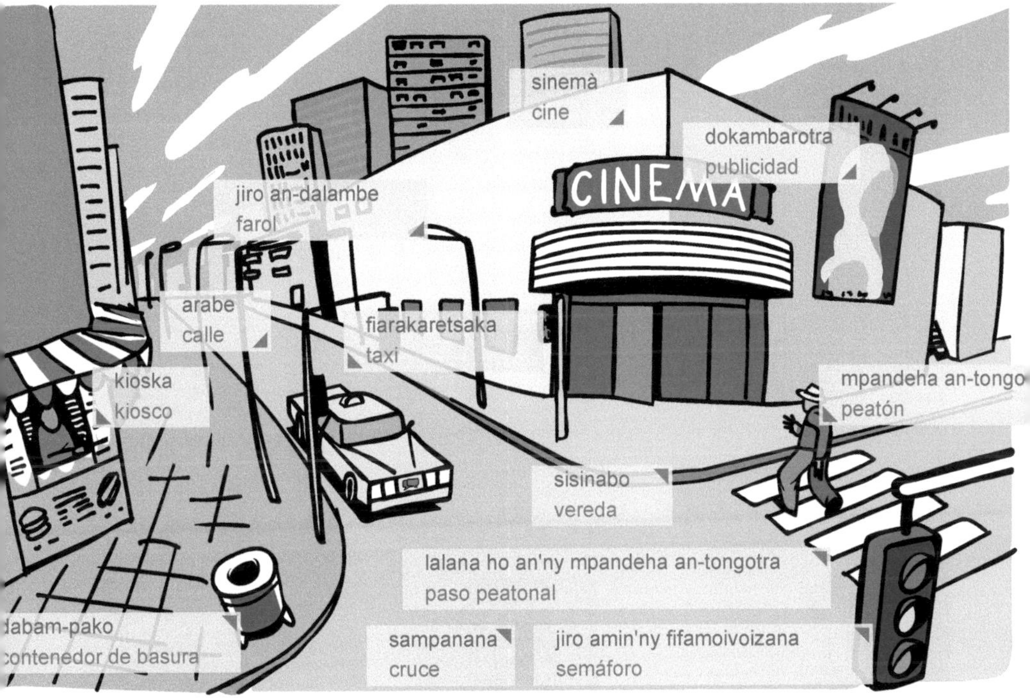

sinemà
cine

dokambarotra
publicidad

jiro an-dalambe
farol

arabe
calle

fiarakaretsaka
taxi

kioska
kiosco

mpandeha an-tongo
peatón

sisinabo
vereda

lalana ho an'ny mpandeha an-tongotra
paso peatonal

dabam-pako
contenedor de basura

sampanana
cruce

jiro amin'ny fifamoivoizana
semáforo

trano bongo
cabaña

tranobe
departamento

fiantsonan'ny fiaran-
dalamby
estación de tren

firaisana
municipalidad

donia
museo

sekoly
colegio

oniversite

universidad

banky

banco

hopitaly

hospital

hôtely

hotel

farmasia

farmacia

birao

oficina

fivarotam-boky

librería

fivarotana

negocio

mpivarotra voninkazo

florería

supermarché

supermercado

tsena

mercado

tranobe fivarotana

grandes tiendas

mpivarotra trondro

pescadería

toeram-pivarotana lehibe

centro comercial

seranana

puerto

valan-javaboary

parque

latabatra

banco

tetezana

puente

totohatra

escaleras

metrô

subte

tonelina

túnel

fiantsonan'ny fiara
mpitondra olona

parada del colectivo

bara

bar

toeram-pisakafoanana

restaurante

boatin-taratasy paositra

buzón

famantarana an-arabe

letrero

parcmètre

parquímetro

valan-javaboary

zoológico

dobo filomanosana

pileta

moskea

mezquita

toeram-pambolena

granja

loto

contaminación

fasana

cementerio

trano fiangonana

iglesia

tokontany filalaovana

juegos infantiles

tempoly

templo

endritany

paisaje

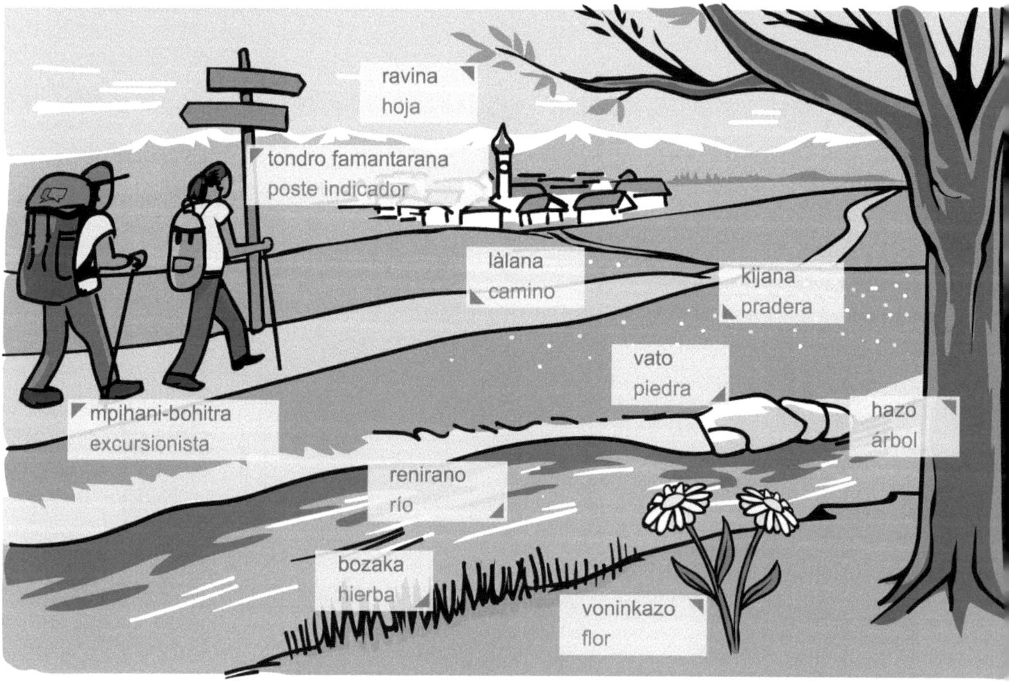

ravina
hoja

tondro famantarana
poste indicador

làlana
camino

kijana
pradera

vato
piedra

mpihani-bohitra
excursionista

hazo
árbol

renirano
río

bozaka
hierba

voninkazo
flor

lemaka

valle

vohitra

montaña

laka

lago

ala

bosque

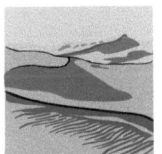

tany hay

desierto

volkano

volcán

rova

castillo

avana

arco iris

holatra

champiñón

hazom-boanio

palmera

moka

mosquito

lalitra

mosca

vitsika

hormiga

tantely

abeja

hala

araña

voangory

escarabajo

sahona

rana

vontsira

ardilla

trandraka

erizo

bitro

liebre

vorondolo

lechuza

vorona

pájaro

gisabe

cisne

lambo

jabalí

cerf

ciervo

voalavo

alce

toha-drano

presa

helisy ahodin-drivotra

aerogenerador

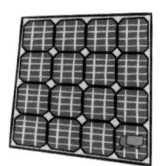

takela-masoandro

panel solar

toetr'andro

clima

toeram-pisakafoanana
restaurante

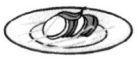

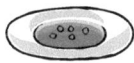

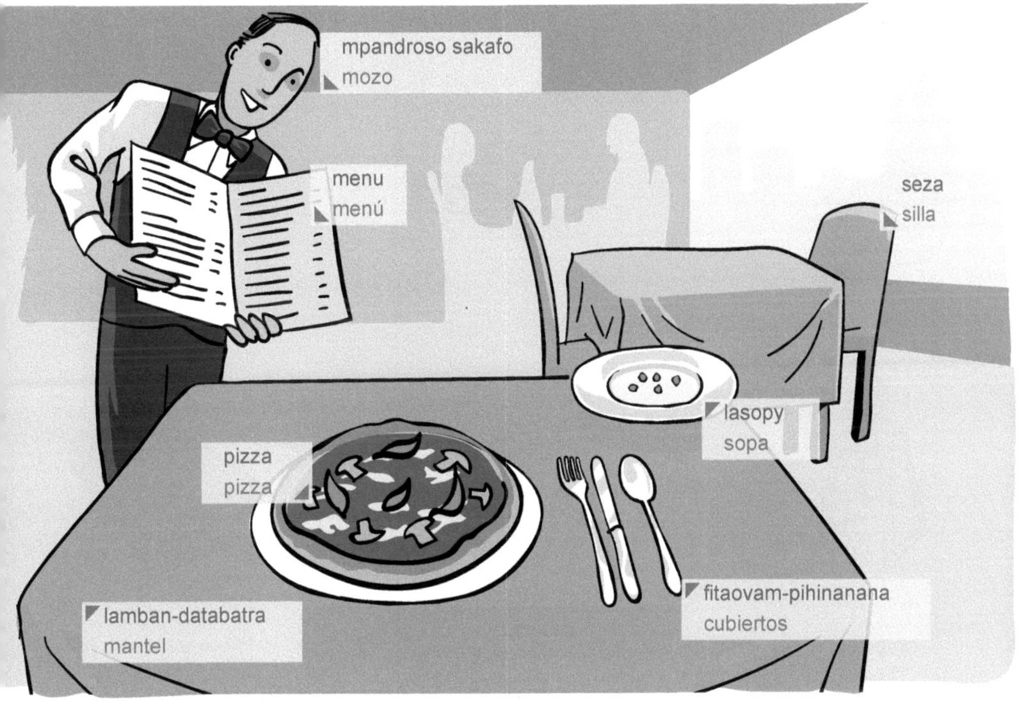
mpandroso sakafo
mozo
menu
menú
seza
silla
lasopy
sopa
pizza
pizza
lamban-databatra
mantel
fitaovam-pihinanana
cubiertos

entrée

entrada

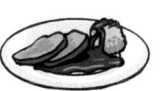

sakafo fototra

plato principal

desera

postre

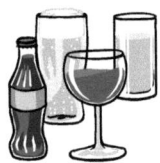

zava-pisotro

bebidas

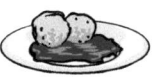

sakafo

comida

tavoahangy

botella

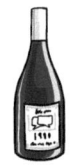

fast food

comida rápida

sakafo an-dalambe

comida callejera

fitoerana dite

tetera

fitoeran-tsiramamy

azucarera

singany

porción

milina espresso

cafetera expreso

seza avo

sillita alta

faktiora

cuenta

lovia fandrosoana sakafo

bandeja

antsy

cuchillo

sotrorovitra

tenedor

sotro

cuchara

sotrokely

cucharita

servieta

servilleta

vera

vaso

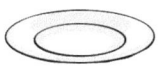

vilia
plato

vilian-dasopy
plato hondo

vilia bory
plato

saosy
salsa

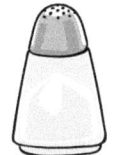

fitoeran-tsira
salero

milina dipoavatra
molinillo de pimienta

vinaingitra
vinagre

solika
aceite

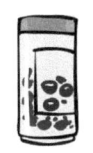

zava-manitra
especias

ketchup
kétchup

voan-tsinapy
mostaza

maionezy
mayonesa

supermarché
supermercado

fihenam-bidy
oferta especial
FOR
mpividy
cliente
sakafo avy amin'ny ronono
lácteos
voankazo
fruta
chariot
changuito

BUTCHERS

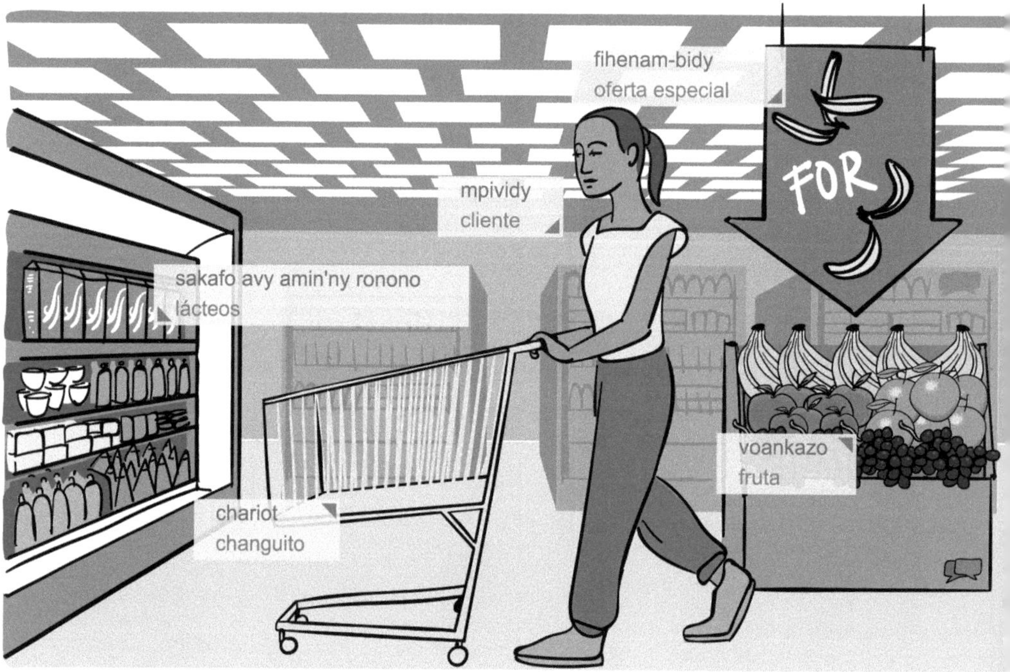

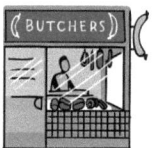

mpivaro-kena
carnicería

BAKERY

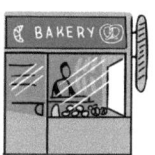

mpivarotra mofo
panadería

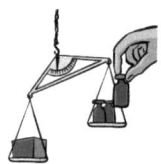

mandanja
pesar

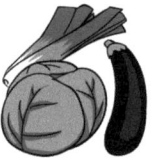

legioma
verduras

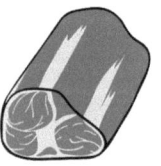

hena
carne

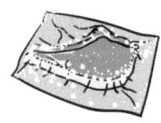

sakafo nampangatsiahana
alimentos congelados

hena voahendy

fiambres

sakafo am-by fotsy

alimentos enlatados

vovon-tsavony

detergente en polvo

vatomamy

golosinas

fitaovana an-tokatrano

electrodomésticos

fitaovana fanadiovana

productos de limpieza

mpivarotra

vendedora

toerana fandoavam-bola

caja

mpandray vola

cajero

isitry ny zavatra vidiana

lista de compras

ora fiasana

horario de atención

portefeuille

billetera

fahana amin'ny karatra

tarjeta de crédito

harona

cartera

harona plastika

bolsa de plástico

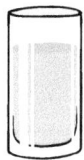

rano

agua

ranom-boankazo

jugo

ronono

leche

coca

bebida cola

divay

vino

labiera

cerveza

toaka

alcohol

sôkôlà mafana

cacao

dite

té

kafe

café

espresso

café expreso

cappuccino

cappuccino

akondro

banana

paoma

manzana

laoranjy

naranja

voatango

melón

voasarimakirana

limón

karaoty

zanahoria

tongolo gasy

ajo

volobe

bambú

tongolo

cebolla

holatra

champiñón

voamaina

nueces

paty

fideos

spaghetti

tallarines

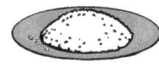

vary

arroz

salady

ensalada

ovy frity

papas fritas

ovy voaendy

papas fritas

pizza

pizza

hamburger

hamburguesa

sandwich

sándwich

didin-kena

churrasco

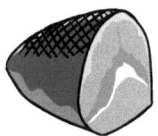

lambo sira

jamón

salami

salame

saosisy

salchicha

akoho

pollo

hena mendy

asado

trondro

pescado

varin-tsoavaly

copos de avena

muesli

muesli

cornflakes

copos de maíz

lafarinina

harina

croissant

medialuna

mofodipaina kely

pancito

mofo

pan

mofo natono

tostada

bisky

galletitas

dobera

manteca

fromazy fotsy

cuajada

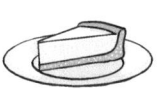

mofomamy

torta

atody

huevo

atody nendasina

huevo frito

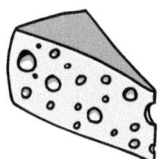

fromazy

queso

sakafo - comida

lagilasy

helado

siramamy

azúcar

tantely

miel

kaonfitira

mermelada

crème nougat

pasta de chocolate

curry

curry

toeram-pambolena
granja

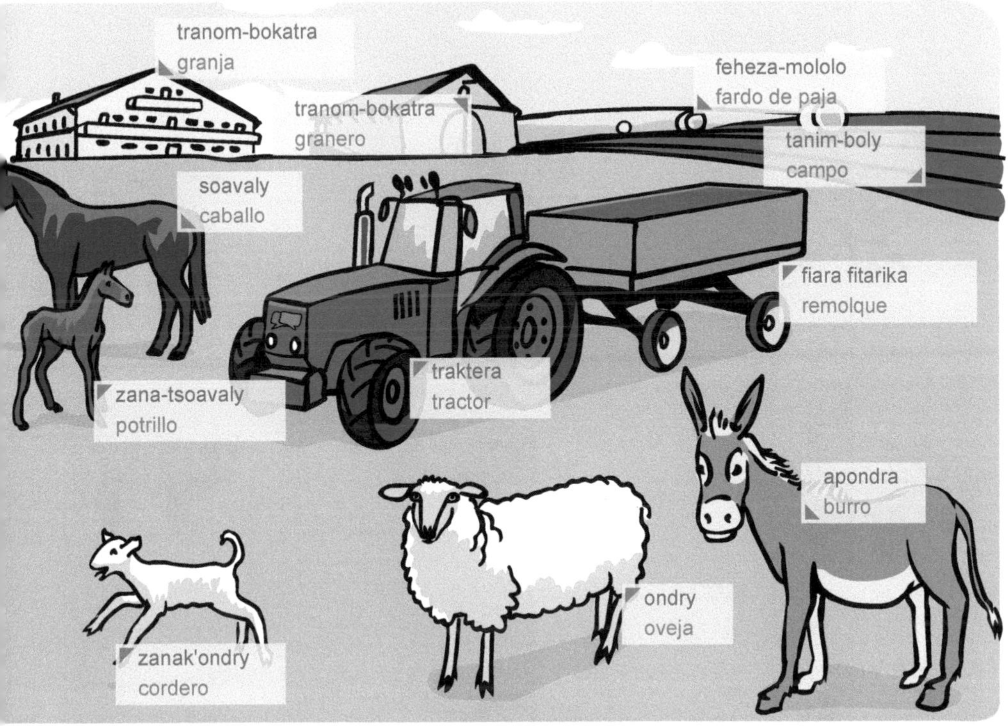

tranom-bokatra
granja
tranom-bokatra
granero
feheza-mololo
fardo de paja
tanim-boly
campo
soavaly
caballo
fiara fitarika
remolque
traktera
tractor
zana-tsoavaly
potrillo
apondra
burro
ondry
oveja
zanak'ondry
cordero

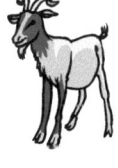

osy
cabra

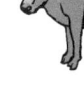

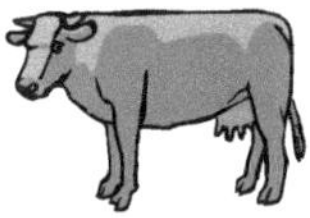
omby vavy
vaca

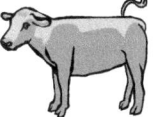

omby
ternero

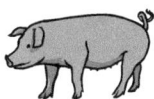

kisoa
cerdo

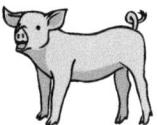

zana-kisoa
lechón

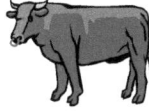

omby
toro

gisa

ganso

gana

pato

zanak'akoho

pollo

akoho vavy

gallina

akoho lahy

gallo

voalavo

rata

saka

gato

voalavo tondro

ratón

omby

buey

alika

perro

tranon'alika

cucha

fantsona fanondrahana rano

manguera

fanondrahana

regadera

antsy biloka

guadaña

angadin'omby

arado

antsim-bilona

hoz

antsetra

azada

farango vy

horquilla

famaky

hacha

borety

carretilla

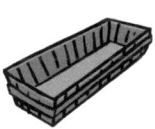

dababe

abrevadero

boatin-dronono

lechera

harona

bolsa

fefy

reja

tranom-biby

establo

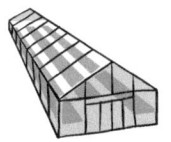

talatalan-jaridaina

invernadero

tany

suelo

ambeoka

semilla

zezika

fertilizador

milina mpijinja vokatra

cosechadora

vokatra

cosechar

vokatra

cosecha

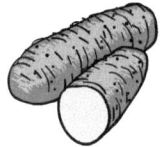

saonjo

batatas

varimbazaha

trigo

saozaha

soja

ovy

papa

katsaka

maíz

colza

semilla de colza

hazo fihinam-boa

árbol frutal

mangahazo

mandioca

voamadinika

cereales

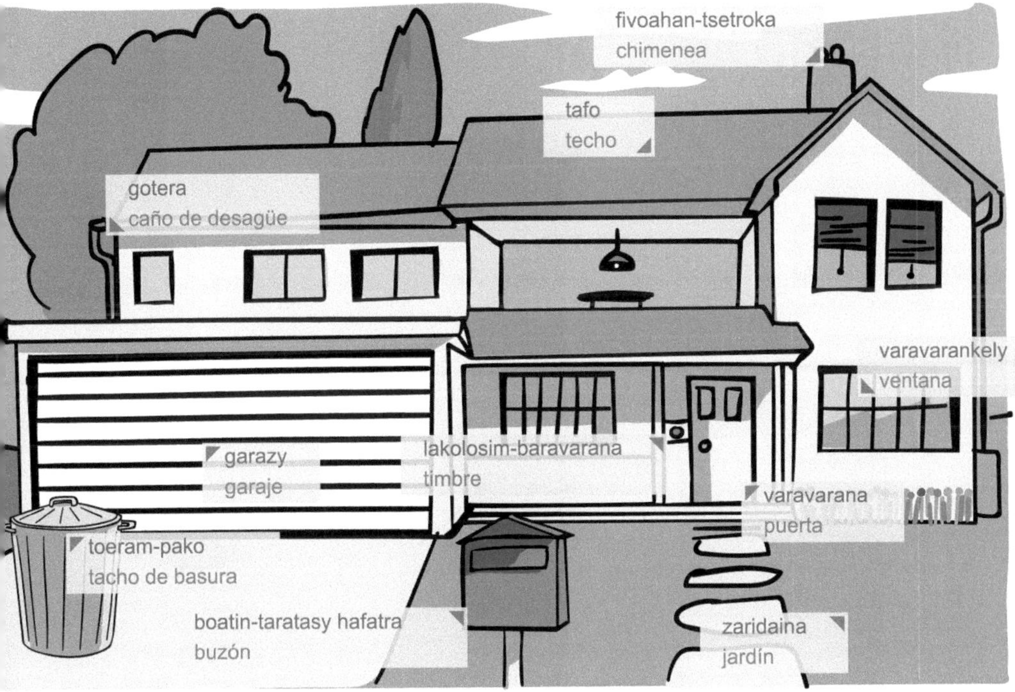

fivoahan-tsetroka
chimenea

tafo
techo

gotera
caño de desagüe

varavarankely
ventana

garazy
garaje

lakolosim-baravarana
timbre

varavarana
puerta

toeram-pako
tacho de basura

boatin-taratasy hafatra
buzón

zaridaina
jardín

efitra fandraisam-bahiny

living

efitra fandroana

baño

lakozia

cocina

efitra fatoriana

dormitorio

efitranon'ny ankizy

cuarto de los chicos

efi-trano fisakafoanana

comedor

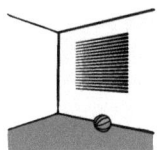

tany
piso

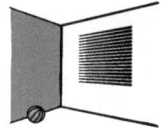

rindrina
pared

valindrihana
cielorraso

lakavy
sótano

sauna
sauna

tsimahalavo
balcón

lavarangana
terraza

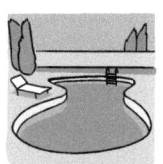

dobo filomanosana
pileta

mpanapaka bozaka
cortadora de pasto

lambam-pandriana
sábana

koety
acolchado

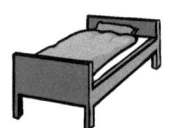

fandriana
cama

kifafa
escoba

sô
balde

interrupteur
interruptor

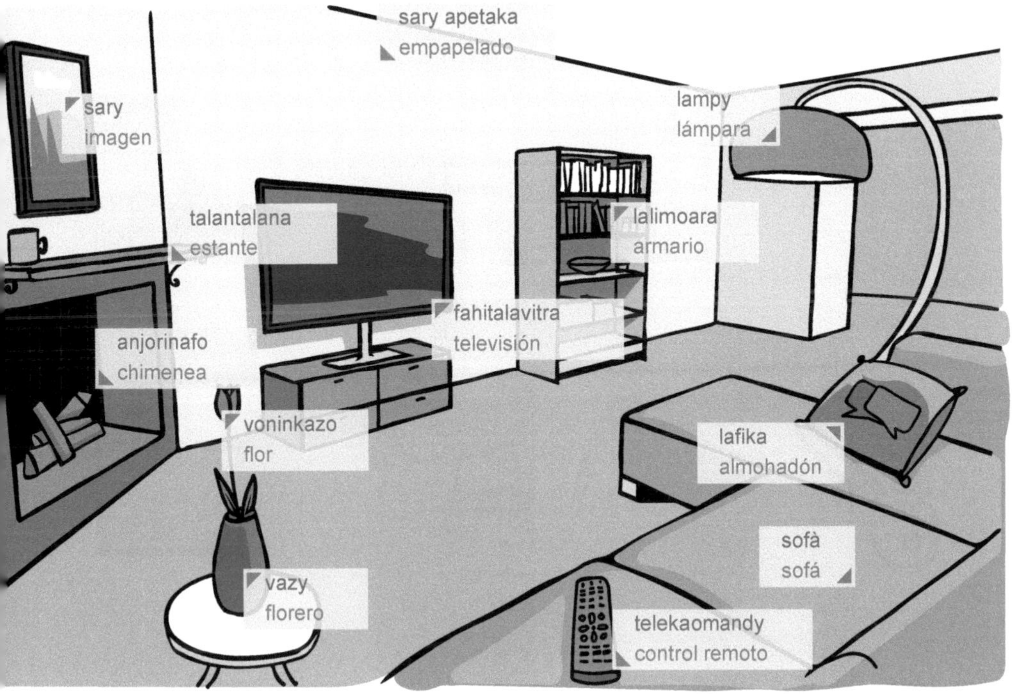

sary apetaka
empapelado

sary
imagen

lampy
lámpara

talantalana
estante

lalimoara
armario

anjorinafo
chimenea

fahitalavitra
televisión

voninkazo
flor

lafika
almohadón

sofà
sofá

vazy
florero

telekaomandy
control remoto

tapis
alfombra

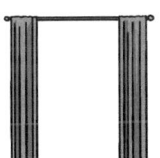

takom-baravarana
cortina

latabatra
mesa

seza
silla

seza savily
mecedora

seza mihaja
sillón

boky

libro

lamba firakotra

frazada

asa fandravahana

decoración

hazo fandrehitra

leña

horonantsary

película

fitaovana hi-fi

equipo de música

fanalahidy

llave

gazety

diario

loko

pintura

sary famantarana

póster

radio

radio

kahie fanao tadidy

cuaderno

aspiratera

aspiradora

raketa

cactus

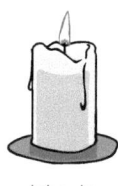

labozia

vela

lakozia
cocina

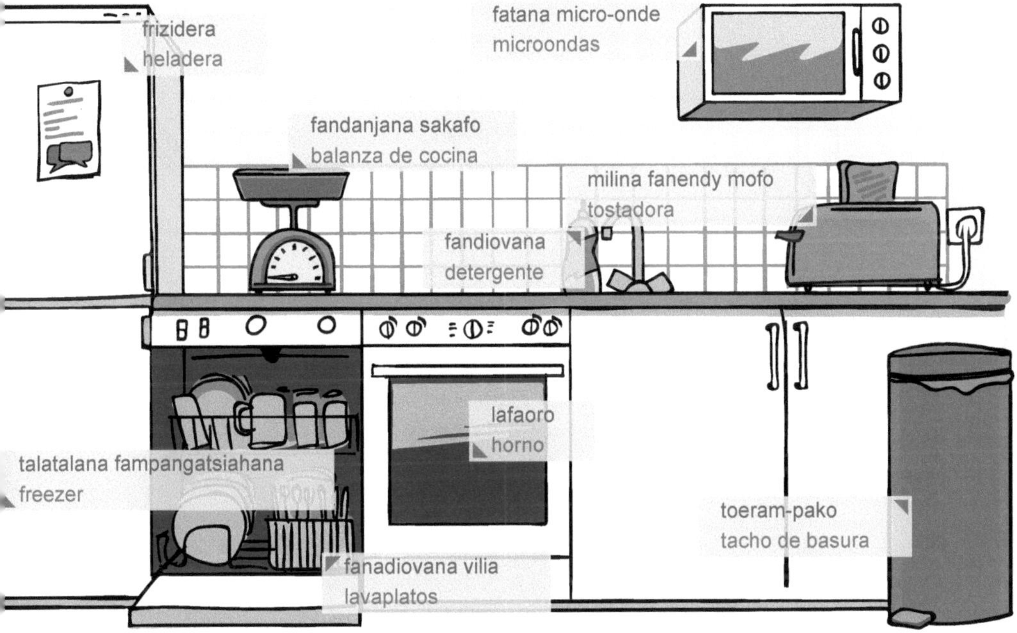
frizidera
heladera
fatana micro-onde
microondas
fandanjana sakafo
balanza de cocina
milina fanendy mofo
tostadora
fandiovana
detergente
lafaoro
horno
talatalana fampangatsiahana
freezer
toeram-pako
tacho de basura
fanadiovana vilia
lavaplatos

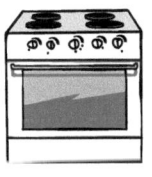

lafaoro
cocina

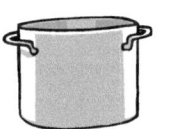

vilany
olla

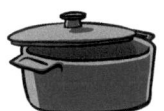

vilany vy
olla de hierro fundido

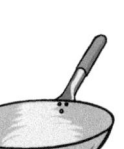

wok / kadai
wok

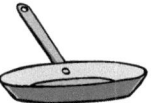

lapoaly
sartén

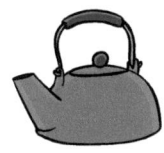

fitaovana fampangotrahana rano
pava

vilany mandeha entona

vaporera

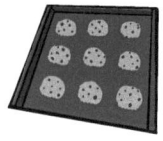

lovia fisaka

bandeja de horno

fitaovan-dakozia

vajilla

zinga

taza

vilia baolina

bol

hazokely fihinanana

palitos

sotrobe lavatango

cucharón

spatule

estpátula

fanakapohana atody

batidora

fanatantavanana

colador

lovia sivana

colador

fanakikisana

rallador

laona

mortero

kiendiendy

parrilla

fivoahan'ny setroka

fogata

akalana fitetehana

tabla de picar

kodia fandamàna koba

palo de amasar

fisontonana bosoa

sacacorchos

boaty

lata

fanokafana boaty

abrelatas

fitazomana vilany

manopla

lavabô

pileta

borosy

cepillo

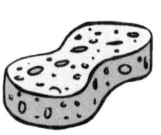

spaonjy

esponja

miksera

batidora

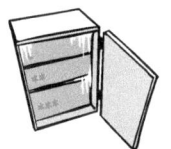

fitaovana fampangatsiahana

congelador

tavoahanginono

mamadera

paompy

canilla

efitra fandroana

baño

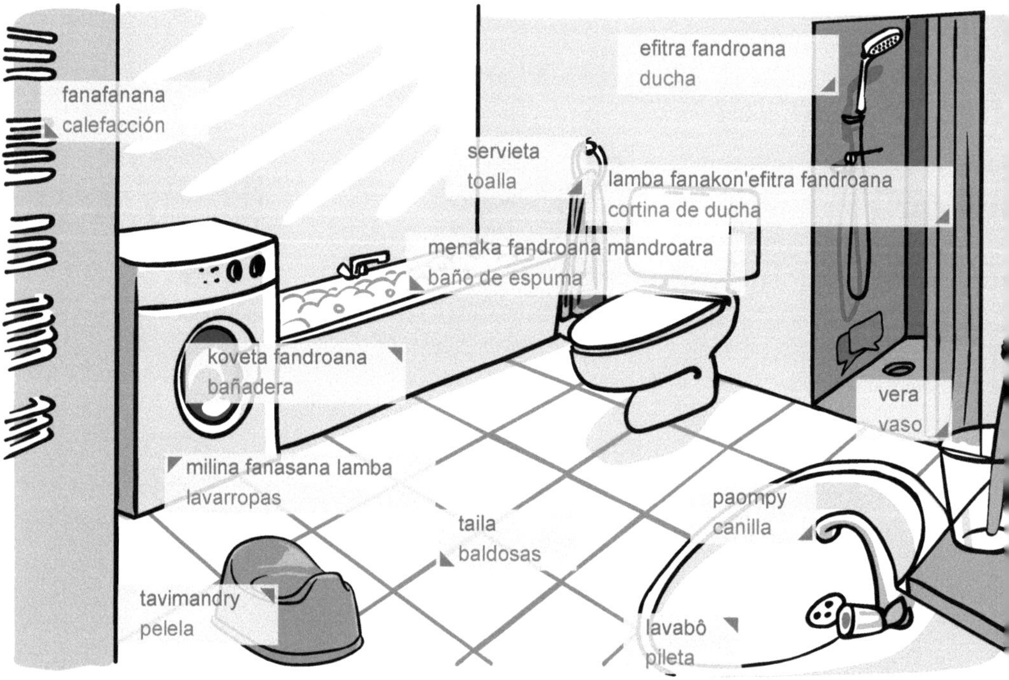
fanafanana
calefacción
efitra fandroana
ducha
servieta
toalla
lamba fanakon'efitra fandroana
cortina de ducha
menaka fandroana mandroatra
baño de espuma
koveta fandroana
bañadera
vera
vaso
milina fanasana lamba
lavarropas
paompy
canilla
taila
baldosas
tavimandry
pelela
lavabô
pileta

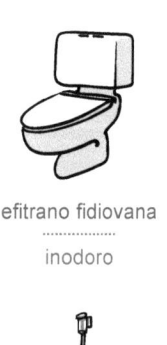

efitrano fidiovana

inodoro

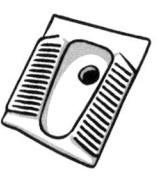

kabone mitsingo

letrina

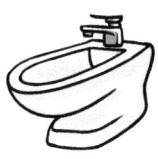

bidet

bidé

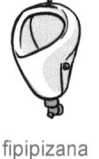

fipipizana

mingitorio

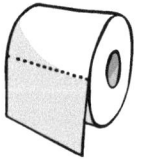

taratasy fidiovana

papel higiénico

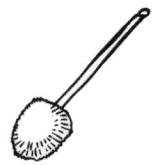

borosy fampiasa an-kabone

cepillo para el inodoro

borosinify

cepillo de dientes

famotsia-nify

dentífrico

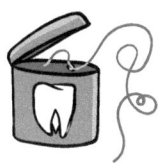

kofehy fanadiova-nify

hilo dental

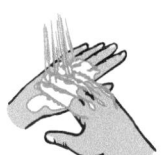

manasa

lavar

fisaika enti-tànana

ducha de mano

fanadiovana fivaviana

ducha higiénica

kovetabe

palangana

borosin-damosina

cepillo para espalda

savony

jabón

fampiasa rehefa misaika

gel de ducha

shampoo

shampoo

fonon-tànana enti-misaika

toallita

tsiranoka

desagüe

crème fanosotra

crema

fanalana fofona

desodorante

fitaratra

espejo

fitaratra fihaingo

espejito

hareza

maquinita de afeitar

raotra fiharatra

espuma de afeitar

menaka haratra

aftershave

fiogo

peine

borosy

cepillo

fitaovana fanamainam-bolo

secador de pelo

atsifotra amin'ny volo

spray

fikarakarana tarehy

maquillaje

lokomena

lápiz de labios

haingo hoho

esmalte para uñas

vohavohan-dandihazo

algodón

fanapahana hoho

tijera para uñas

ranomanitra

perfume

fitoerana fitaovana an-
kabone
....
portacosméticos

sezabory
....
banqueta

fandanjana olona
....
balanza

akanjo enti-matory
....
bata

fonon-tànana enti-manadio
....
guantes de goma

servieta fanary
....
tampón

lamba fampiasa amin'ny
fadimbolana
....
toallita femenina

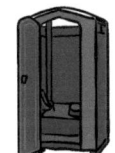

kabone simika
....
baño químico

efitranon'ny ankizy
cuarto de los chicos

famohamandry
despertador
saribakoly
peluche
fiara kilalao
coche de juguete
korintsana
sonajero
tranon-tsaribakoly
casa de muñecas
fanomezana
regalo

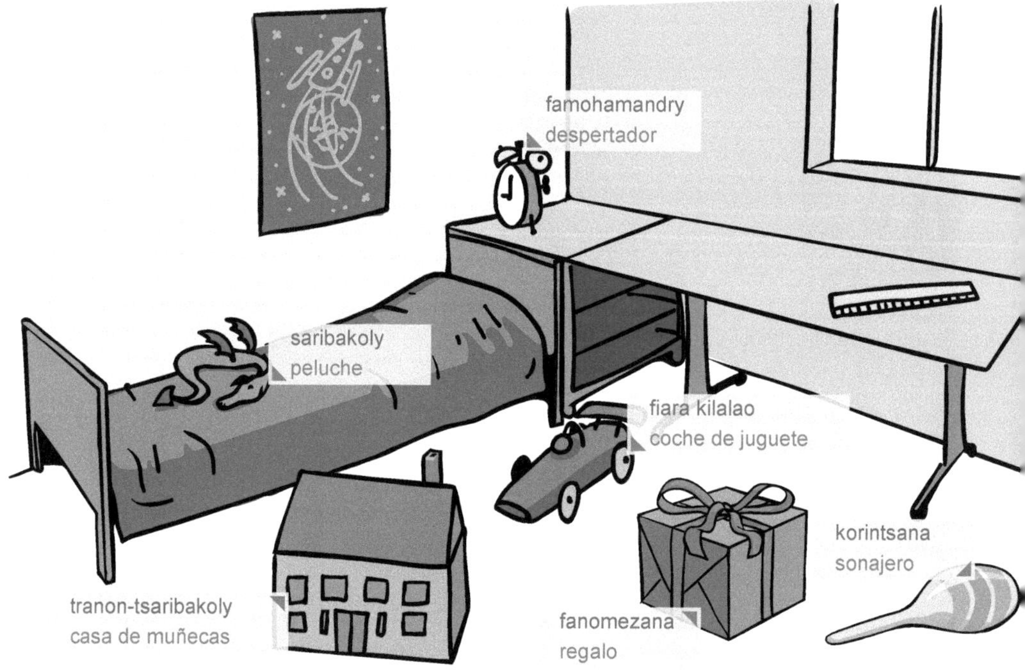

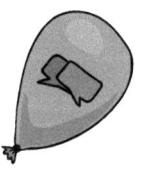

balaonina
globo

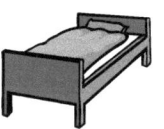

fandriana
cama

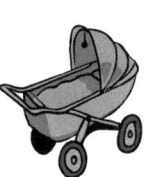

posety
cochecito

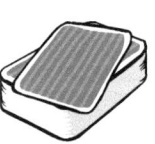

lalao karatra
cartas

puzzle
rompecabezas

SUPER MEGA

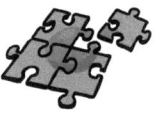

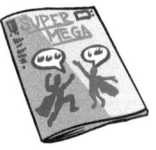

sariitatra
historieta

lalao legô

piezas de lego

kilalao fananganana trano

ladrillos de juguete

sarivongana kely

figura de acción

grenera

enterito (de bebé)

Frisbee

frisbee

mobile

móvil para bebés

jeu de société

juego de mesa

kodiakely

dados

lamasinina kely

tren eléctrico

solonono

chupete

fety

fiesta

boky feno sary

libro de cuentos ilustrado

baolina

pelota

saribakoly

muñeca

milalao

jugar

kovetam-pasika

arenero

savily

hamaca

kilalao

juguetes

kilalao video

consola de videojuegos

tricycle

triciclo

teddy orsa

osito de peluche

fitoeran'akanjo

armario

akanjo

ropa

bà kiraro

medias

bàn-tongotra

medias panty

akanjo manara-batana

calzas

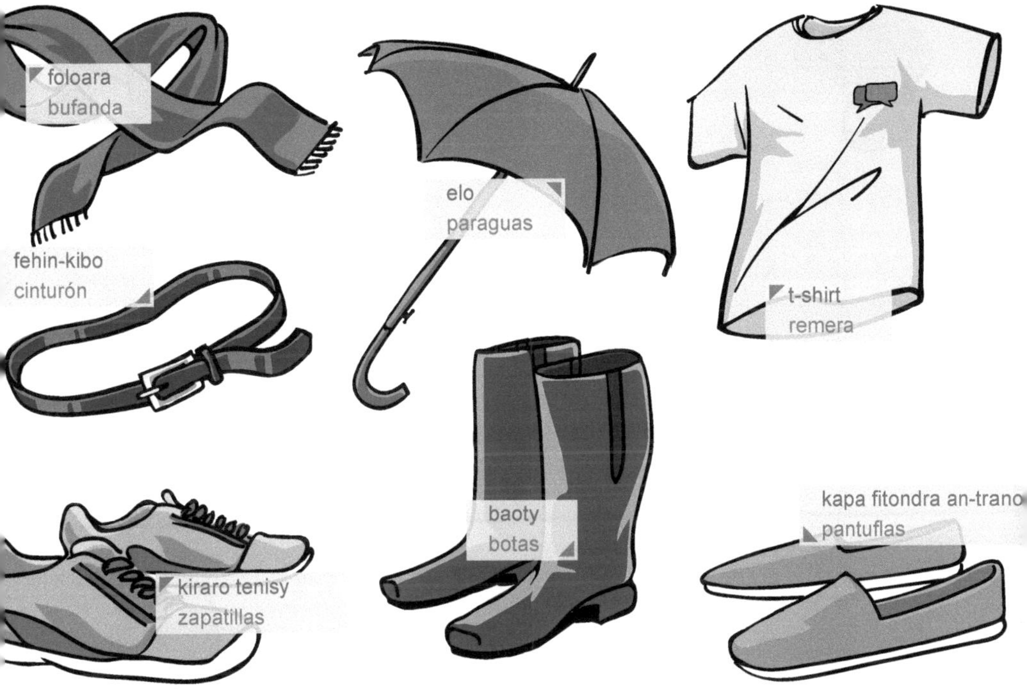

foloara
bufanda

elo
paraguas

t-shirt
remera

fehin-kibo
cinturón

kapa fitondra an-trano
pantuflas

baoty
botas

kiraro tenisy
zapatillas

kapa
....
sandalias

kiraro
....
zapatos

baoty fingotra
....
botas de goma

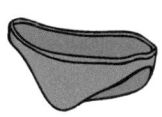

atinakanjo
....
ropa interior

tatinono
....
corpiño

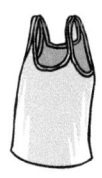

akanjo feno
....
chaleco

akanjo - ropa

vatana
body

pataloha
pantalones

jean
jeans

zipo
pollera

akanjo ambony
blusa

lobaka
camisa

pull
pulóver

akanjo sarotro
buzo

palitao
blazer

palitao
campera

palitao
tapado

akanjo aro-orana
piloto

akanjo fianjaika
traje

fitafim-behivavy
vestido

akanjon'ny ampakarina
vestido de novia

akanjo fianjaika

traje

akanjo-mandry

camisón

pijamà

pijama

sari

sari

sarondoha

pañuelo para cabeza

turban

turbante

burqa

burka

kaftan

caftán

abaya

abaya

akanjo fitondra milomano

traje de baño

akanjo fitondra milomano

short de baño

pataloha fohy

shorts

akanjo fitena

jogging

tablie

delantal

fonon-tànana

guantes

bokotra

botón

solomaso

anteojos

brasele

pulsera

rojo

collar

peratra

anillo

kavina

aro

satroka

gorra

fanantonana palitao

percha

satroka

sombrero

fehivozo

corbata

hidikorisa

cierre

aroloha

casco

beritelo

tiradores

fanamian'ny mpianatra

uniforme escolar

fanamiana

uniforme

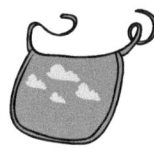

bavoara

babero

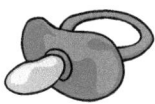

solonono

chupete

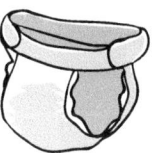

taty

pañal

birao

oficina

serveur
servidor
lalimoara fitahirizana
archivero
mpanao pirinty
impresora
taratasy
papel
efijoro
monitor
voalavo tondro
mouse
latabatra
escritorio
klasera
carpeta
klavie
teclado
fanariana fako taratasy
tacho (de basura)
solosaina
computadora
seza
silla

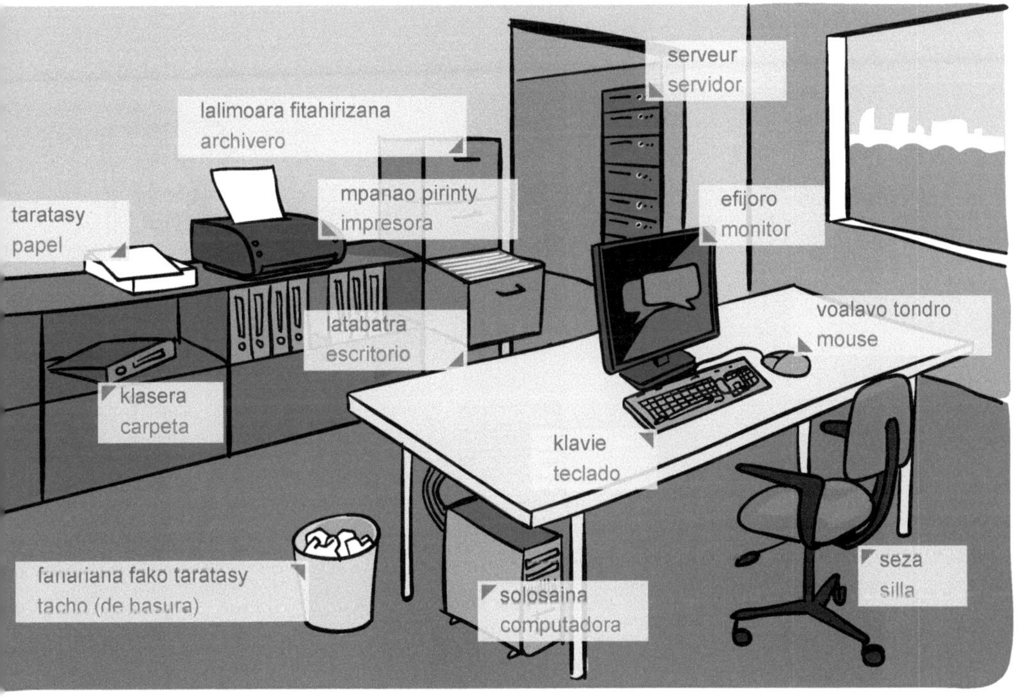

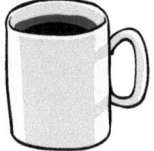

kaopin-kafe

taza de café

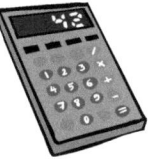

mpikajy

calculadora

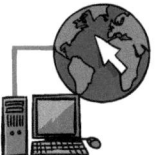

aterineto

internet

solosaina maivana

laptop

taratasy

carta

hafatra

mensaje

mobile

celular

tambajotra

red

imprimante

fotocopiadora

rindrambaiko

software

finday

teléfono

prizy

tomacorriente

fax

fax

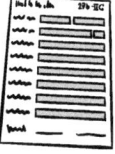

efitra fenoina

formulario

fehezan-taratasy

documento

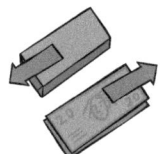

mividy

comprar

mandoa vola

pagar

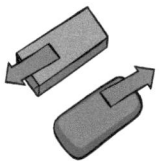

misera

hacer negocios

vola

dinero

dôlara

dólar

euro

euro

yen

yen

rouble

rublo

Franc suisse

franco suizo

renminbi yuan

yuan

roupie

rupia

fangalàna vola

cajero automático

toerana fanakalozana vola

casa de cambio

volamena

oro

volafotsy

plata

solika

petróleo

angovo

energía

vidiny

precio

fifanekena

contrato

hetra

impuesto

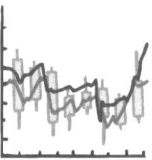

action borsa

acción

miasa

trabajar

mpiasa

empleado

mpampiasa

empleador

orinasa

fábrica

fivarotana

negocio

asa
ocupaciones

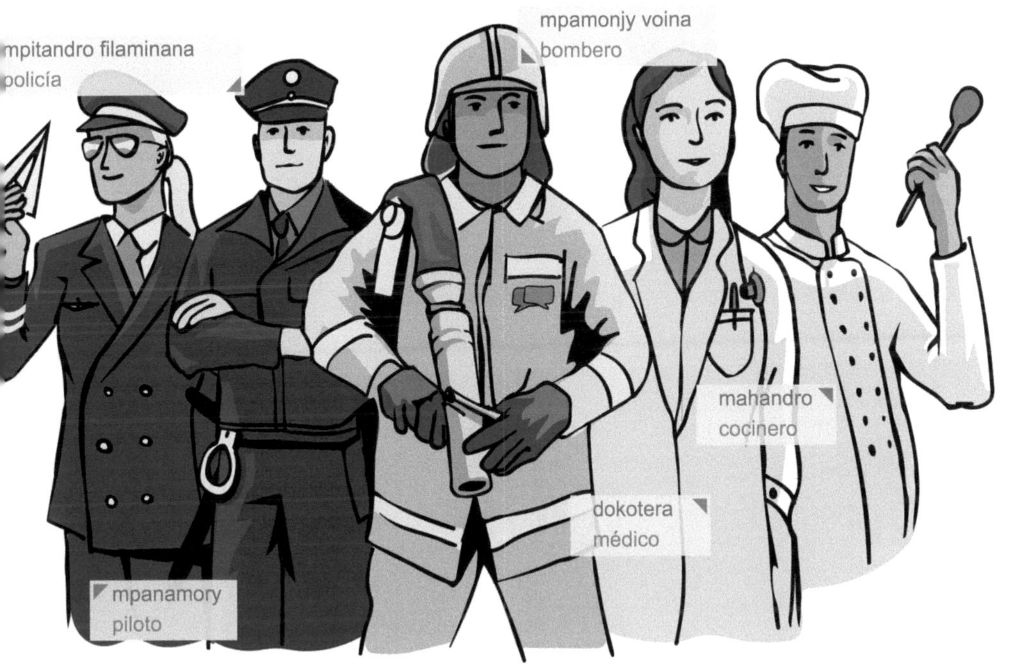
mpitandro filaminana
policía
mpamonjy voina
bombero
mahandro
cocinero
dokotera
médico
mpanamory
piloto

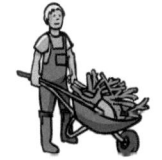

mpikarakara zaridaina

jardinero

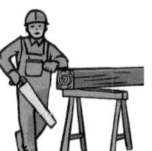

mpandrafitra

carpintero

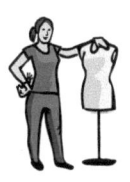

vehivavy mpanjaitra

modista

mpitsara

juez

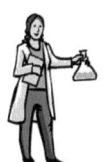

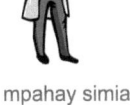

mpahay simia

farmacéutico

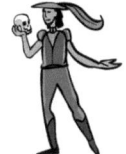

mpilalao sarimihetsika

actor

mpamily fiara fitateram-
bahoaka

colectivero

mpamily fiarakaretsaka

taxista

mpanjono

pescador

vehivavy mpanadio

mucama

mpanao tafo

techista

mpandroso sakafo

mozo

mpihaza

cazador

mpandoko

pintor

mpanao mofo

panadero

elektrisianina

electricista

mpanao trano

albañil

injeniera

ingeniero

mivaro-kena

carnicero

plombier

plomero

faktera

cartero

miaramila

soldado

mpanao mari-trano

arquitecto

mpandray vola

cajero

mpivarotra voninkazo

florista

mpanao volo

peluquero

mpizara tapakila

cobrador

mpahay mekanika

mecánico

kapiteny

capitán

mpitsabo nify

dentista

siantifika

científico

raby

rabino

imam

imán

moanina

monje

pretra

sacerdote

fitaovana
herramientas

maritoa
martillo
pince
tenaza
tournevis
destornillador
kle
llave
tôrsa
linterna

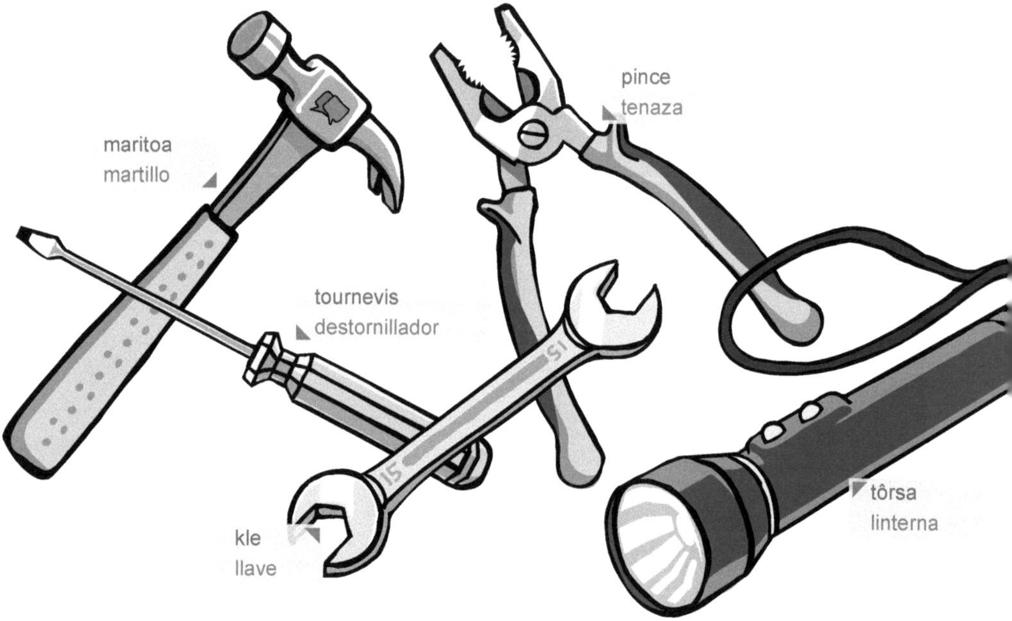

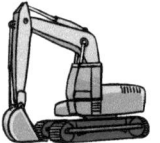

pelleteuse

excavadora

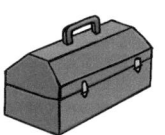

boaty fanisy fitaovana

caja de herramientas

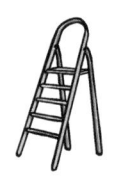

tohatra

escalera portátil

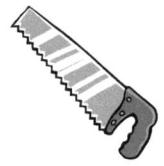

tsofa

sierra

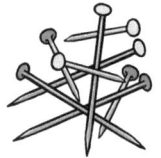

fantsika

clavos

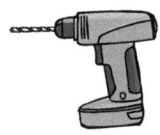

perceuse

taladro

manarina
....
arreglar

lapela
....
pala de jardín

Kyy!
....
¡Qué bronca!

angadim-pako
....
pala de plástico

boatin-doko
....
tacho de pintura

visy
....
tornillos

zava-maneno

instrumentos musicales

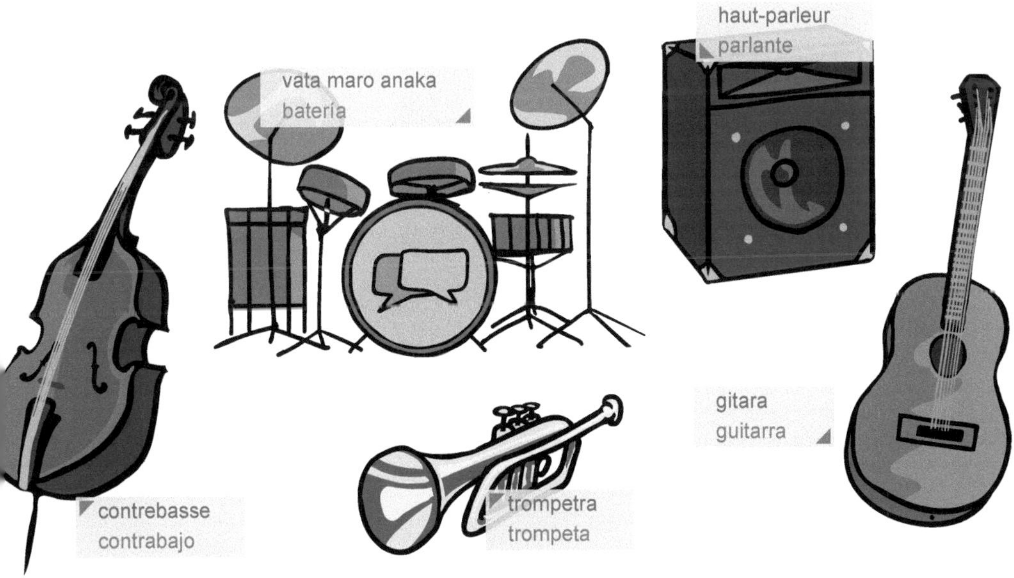

vata maro anaka
batería

haut-parleur
parlante

gitara
guitarra

contrebasse
contrabajo

trompetra
trompeta

vata maro afitsoka

piano

lokanga

violín

basse

bajo

amponga timpani

timbales

aponga

tambor

klavie

teclado

saksa

saxofón

sodina

flauta

mikrao

micrófono

tigra
tigre

fidirana
entrada

tranon-gadra
jaula

zebra
cebra

sakafom-biby
alimento para animales

pandà
oso panda

biby

animales

elefanta

elefante

kangoroa

canguro

rinôserôsy

rinoceronte

gôrila

gorila

orsa

oso

rameva
camello

aotrisy
avestruz

liona
león

rajako
mono

sama
flamenco

boloky
loro

orsa polera
oso polar

pengoa
pingüino

atsantsa
tiburón

vorombola
pavo real

bibilava
serpiente

voay
cocodrilo

mpiandry valan-javaboary
cuidador del zoológico

fôko
foca

jagoara
jaguar

poney
poni

leopara
leopardo

hipôpôtamo
hipopótamo

zirafa
jirafa

voromahery
águila

lambo
jabalí

trondro
pescado

sokatra
tortuga

môrsa
morsa

renard
zorro

gazely
gacela

Football amerikana
fútbol americano

hazakazaka am-bisikileta
ciclismo

tennis
tenis

baskety
básquet

lomano
natación

boxe
boxeo

hockey an-dranomandr
hockey sobre hielo

baolina kitra

fútbol

badminton

bádminton

atletisma

atletismo

handball

handball

ski

esquí

polo

polo

ambikina
ar

mihomehy
reír

mamihina
abrazar

mandeha
caminar

mihira
cantar

manonofy
soñar

mivavaka
rezar

manoroka
besar

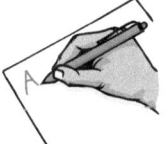

manoratra

escribir

manao sary

dibujar

maneho

mostrar

manosika

presionar

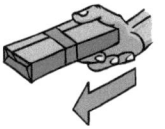

manome

dar

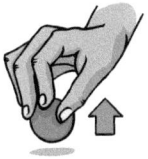

mandray

tomar

manana

tener

manao

hacer

mizovy

ser

mijoro

estar parado

mihazakazaka

correr

misintona

tirar

manary

tirar

lavo

caer

mandry

estar acostado

miandry

esperar

mitondra

llevar

mipetraka

estar sentado

miakanjo

vestirse

matory

dormir

mifoha

despertar

mijery

mirar

mitomany

llorar

fahatapahan'ny lalan-dra

acariciar

fiogo

peinar

miresaka

hablar

mahay

entender

milaza

preguntar

mihaino

escuchar

misotro

beber

mihinana

comer

mandamina

ordenar

mitia

amar

mahandro

cocinar

mamily

manejar

lalitra

volar

miandriaka

navegar

mikajy

calcular

mamaky

leer

mianatra

aprender

miasa

trabajar

mivady

casarse

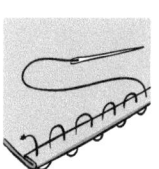

manjaitra

coser

miborosy nify

cepillarse los dientes

mamono

matar

mifoka

fumar

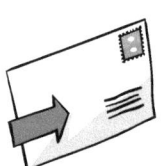

mandefa

enviar

renibe
abuela

dadabe
abuelo

ray
padre

reny
madre

zaza
bebé

zanaka vavy
hija

zanaka lahy
hijo

vahiny
invitado

nenitoa
tía

dadatoa
tío

rahalahy
hermano

rahavavy
hermana

vatana

cuerpo

handrina
frente
maso
ojo
tarehy
cara
saoka
pera
nono
pecho
rantsan-tànana
dedo
tànana
mano
sandry
brazo
soroka
hombro
ranjo
pierna

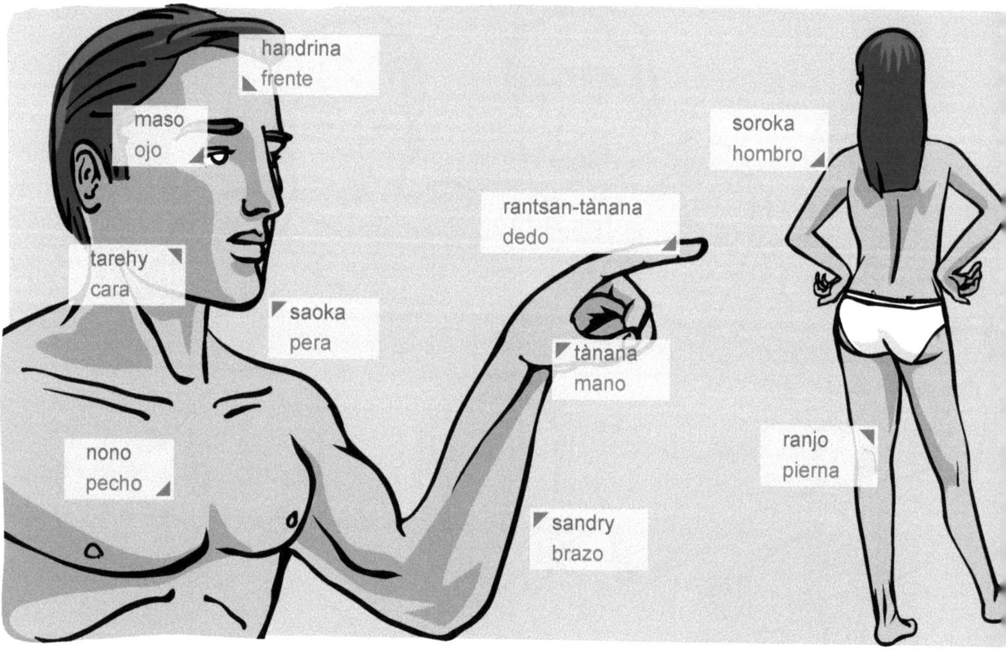

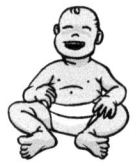

zaza
bebé

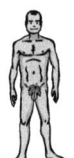

lehilahy
hombre

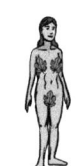

vehivavy
mujer

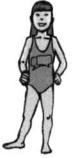

vavy
nena

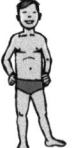

lahy
nene

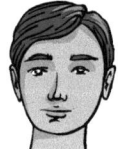

loha
cabeza

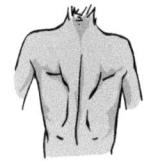

lamosina
espalda

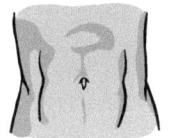

kibo
panza

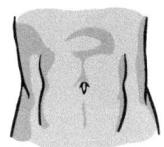

foitra
ombligo

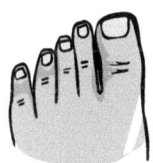

rantsan-tongotra
dedo del pie

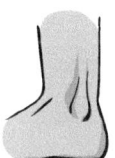

voditongotra
talón

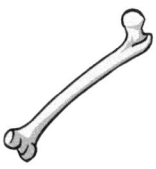

taolana
hueso

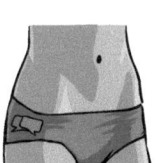

valahana
cadera

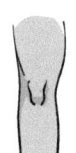

lohalika
rodilla

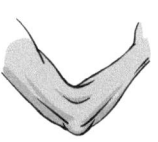

kiho
codo

orona
nariz

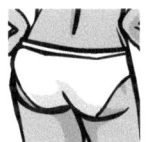

vody
cola

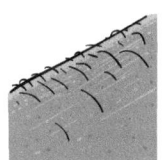

hoditra
piel

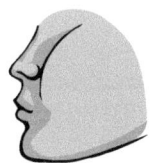

takolaka
cachete

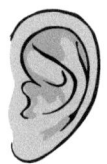

sofina
oreja

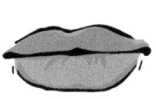

molotra
labio

vava
boca

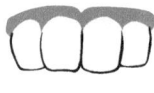

nify
diente

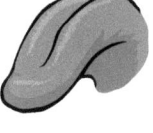

lela
lengua

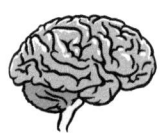

saina
cerebro

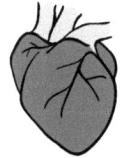

fo
corazón

ozatra
músculo

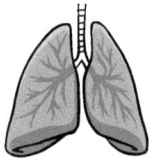

havokavoka
pulmón

aty
hígado

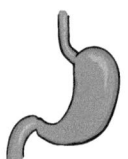

vavony
estómago

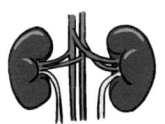

voa
riñones

firaisana ara-nofo
sexo

fimailo
preservativo

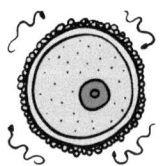

tsirivavy
óvulo

ranonaina
semen

vohoka
embarazo

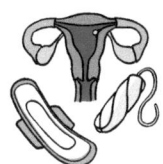

fadimbolana

menstruación

fivaviana

vagina

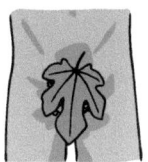

filahiana

pene

volomaso

ceja

volo

pelo

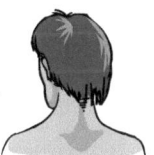

tenda

cuello

hopitaly
hospital

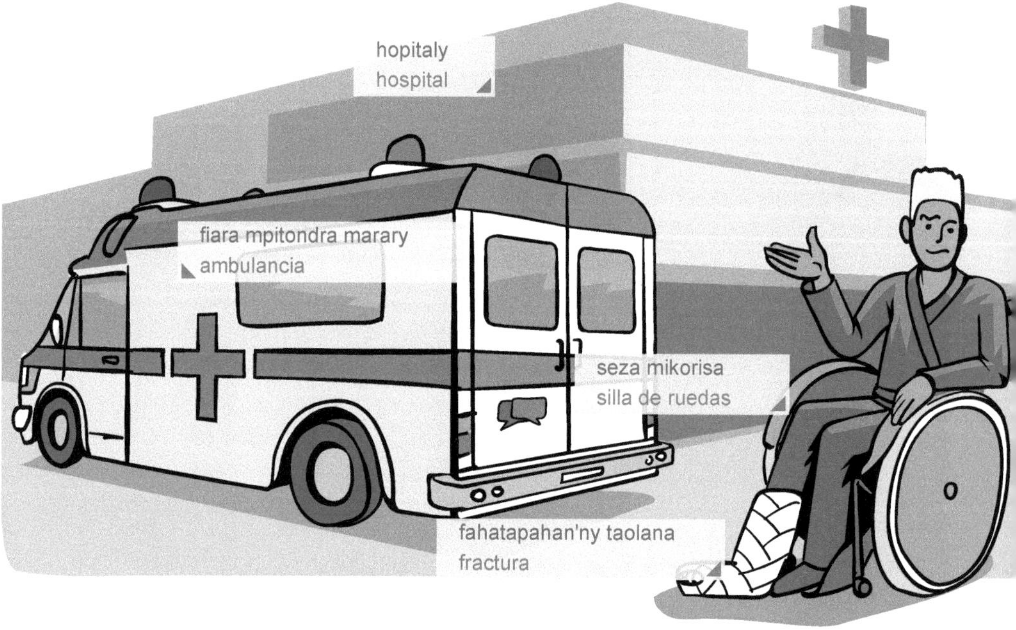

hopitaly
hospital
fiara mpitondra marary
ambulancia
seza mikorisa
silla de ruedas
fahatapahan'ny taolana
fractura

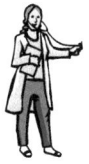

dokotera

médico

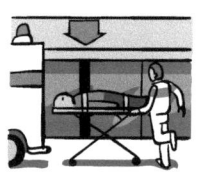

efitra vonjy taitra

sala de guardia

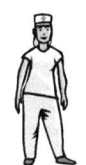

mpitsabo mpanampy

enfermera

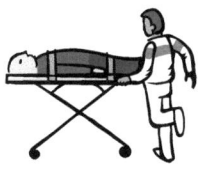

vonjy taitra

emergencia

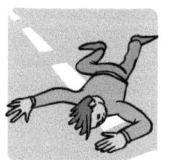

tsy mahatsiaro tena

inconsciente

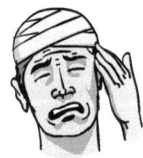

fanaintainana

dolor

faharatràna

lesión

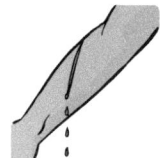

mandeha rà

hemorragia

aretim-po

infarto

ahatapahan'ny lalan-dra

ACV

tsy fahazakana sakafo

alergia

kohaka

tos

tazo

fiebre

gripa

gripe

fivalanana

diarrea

aretin'an-doha

dolor de cabeza

homamiadana

cáncer

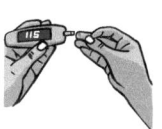

diabeta

diabetes

dokotera mpandidy

cirujano

antsy fandidiana

bisturí

fandidiana

operación

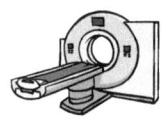

TC
TC

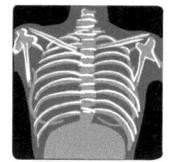

taratra X
rayos x

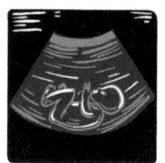

ekôgrafia
ecografía

saron-tava
barbijo

aretina
enfermedad

efitrano fiandrasana
sala de espera

tehina
muleta

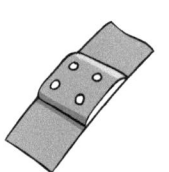

taha fery
curita

bandy
venda

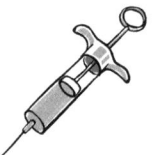

tsindrona
inyección

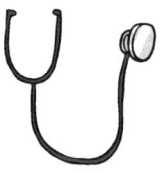

stetoskopy
estetoscopio

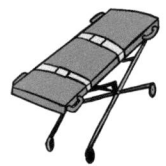

filanjana marary
camilla

fitaovana fitsapana
hafanana
termómetro

fahaterahana
nacimiento

hatavezana tafahoatra
sobrepeso

taovana fandrenesana
audífono

famonoana mikraoba
desinfectante

fifindràna aretina
infección

viriosy
virus

VIH / SIDA
VIH / SIDA

fitsaboana
remedio

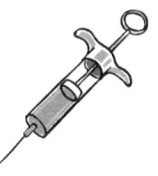

vaksiny
vacunación

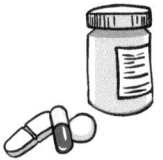

pilina
comprimidos

pilina
pastilla anticonceptiva

antso vonjy taitra
lamada de emergencia

fitaovana fitsapana tosi-drà
tensiómetro

marary / salama
enfermo / sano

antso fanairana

alarma

herisetra

agresión

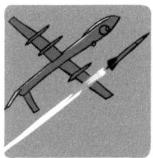

Vonjeo!

¡Ayuda!

vono

ataque

loza

peligro

fivoahana raha misy loza

salida de emergencia

Afo!

¡Fuego!

fitaovam-pamonoana afo

matafuego

loza

accidente

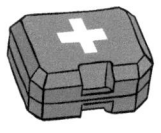

fitaovam-pitsaboana
vonjimaika

botiquín de primeros
auxilios

SOS

SOS

pôlisy

policía

Eoropa
Europa

Amerika avaratra
América del Norte

Amerika atsimo
América del Sur

Afrika
África

Azia
Asia

Aostralia
Australia

Atlantika
Atlántico

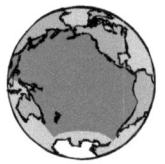

Pasifika
Pacífico

Ranomasimbe Indiana
Océano Índico

Oseana Antarktika
Océano Antártico

Oseana Arktika
Océano Ártico

Tendrotany avaratra
polo norte

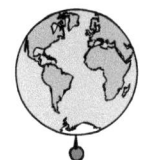

Tendrotany atsimo

polo sur

Antarktika

Antártida

tany

Tierra

tany

tierra

ranomasina

mar

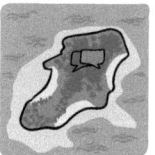

nosy

isla

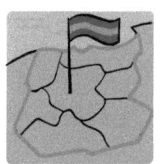

tanindrazana

nación

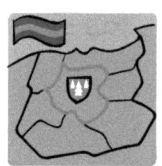

firenena

estado

avam-pamantaranandro

esfera

tondro ora

manecilla de las horas

tondro minitra

minutero

tondro segondra

segundero

Amin'ny firy izao?

¿Qué hora es?

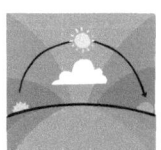

andro

día

fotoana

hora

izao

ahora

famantaranandro niomerika

reloj digital

minitra

minuto

ora

hora

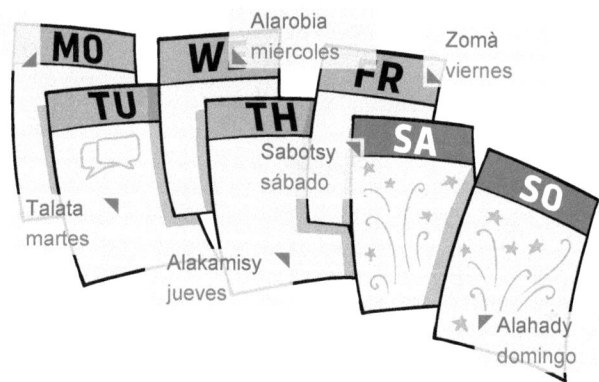

Alatsinainy
lunes

Alarobia
miércoles

Zomà
viernes

Talata
martes

Sabotsy
sábado

Alakamisy
jueves

Alahady
domingo

omaly

ayer

androany

hoy

ampitso

mañana

maraina

mañana

atoandro

mediodía

hariva

tarde

adro fiasàna

días hábiles

faran'ny herinandro

fin de semana

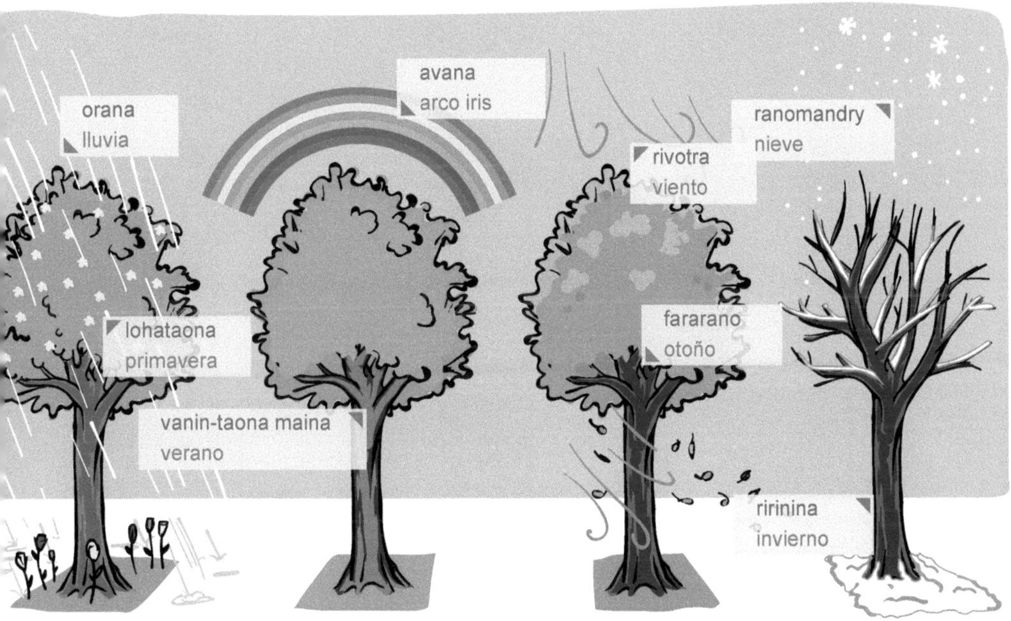

orana
lluvia
avana
arco iris
ranomandry
nieve
rivotra
viento
lohataona
primavera
fararano
otoño
vanin-taona maina
verano
ririnina
invierno

4.APRIL 11°
5.APRIL 4°
6.APRIL 13°
7.APRIL 8°
8.APRIL 10°

vinavina ara-toetrandro

pronóstico meteorológico

F
C
120
90
60
30
0
30
40
30
20
10
0
-10
-20

thermomètre

termómetro

tara-masoandro

luz del sol

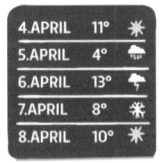

rahona

nube

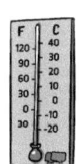

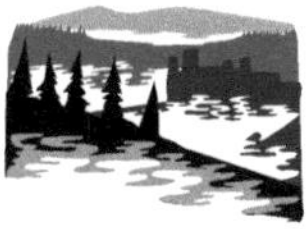

zavona

niebla

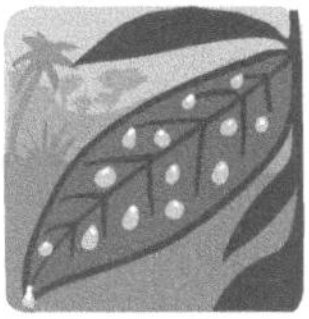

hamandoana

humedad

tselatra

rayo

kotroka

trueno

tafio-drivotra

tormenta

havandra

granizo

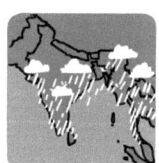

fahavaratra

monzón

tondra-drano

inundación

vaingan-drano

hielo

Janoary

enero

Febroary

febrero

Martsa

marzo

Avrila

abril

Mey

mayo

Jiona

junio

Jolay

julio

Aogositra

agosto

Septambra
....
septiembre

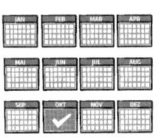

Oktobra
....
octubre

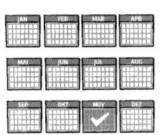

Novambra
....
noviembre

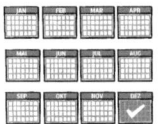

Desambra
....
diciembre

boribory
....
círculo

efamira
....
cuadrado

efajoro
....
rectángulo

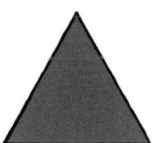

telozoro
....
triángulo

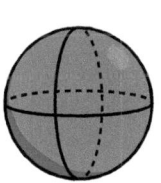

bola
....
esfera

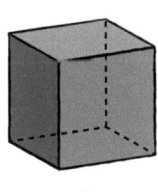

goba
....
cubo

fotsy

blanco

mavo

amarillo

laoranjy

naranja

mavokely

rosa

mena

rojo

voloparasy

violeta

manga

azul

maitso

verde

volotany

marrón

volondavenona

gris

mainty

negro

betsaka / vitsy

mucho / poco

tezitra / tony

enojado / tranquilo

tsara / ratsy

lindo / feo

fiandohana / fiafarana

principio / fin

lehibe / kely

grande / chico

mazava / maloka

claro / oscuro

rahalahy / rahavavy

hermano / hermana

madio / maloto

limpio / sucio

feno / banga

completo / incompleto

andro / alina

día / noche

maty / velona

muerto / vivo

malalaka / tery

ancho / angosto

azo hanina / tsy fihinana

comestible / no comestible

tsivalahara / tsara fanahy

malo / amable

endratra / sorena

entusiasmado / aburrido

matavy / mahia

gordo / flaco

voalohany / farany

primero / último

mpinamana / mpifahavalo

amigo / enemigo

feno / foana

lleno / vacío

mafy / malefaka

duro / blando

mavesatra / maivana

pesado / liviano

noana / mangetaheta

hambre / sed

marary / salama

enfermo / sano

tsy ara-dalàna / ara-dalàna

ilegal / legal

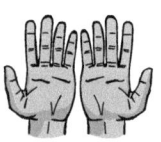

mahay / vendrana

inteligente / estúpido

havia / havanana

izquierda / derecha

akaiky / lavitra

cerca / lejos

vaovao / tranainy

nuevo / usado

tsy misy / misy

nada / algo

antitra / tanora

viejo / joven

mandeha / maty

encendido / apagado

mivoha / mihidy

abierto / cerrado

mangina / mitabataba

silencioso / ruidoso

anankarena / mahantra

rico / pobre

marina / diso

correcto / incorrecto

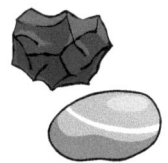

marokoroko / malama

áspero / suave

malahelo / faly

triste / contento

fohy / lava

corto / largo

mora / faingana

lento / rápido

mando / maina

mojado / seco

mafana / mangatsiaka

caliente / frío

ady / fahalemana

guerra / paz

números

0

aotra

cero

1

iray

uno

2

roa

dos

3

telo

tres

4

efatra

cuatro

5

dimy

cinco

6

enina

seis

7

fito

siete

8

valo

ocho

9

sivy

nueve

10

folo

diez

11

iraikambinifolo

once

12

roambinifolo

doce

13

teloambinifolo

trece

14

efatrambinifolo

catorce

15

dimiambinifolo

quince

16

eninambinifolo

dieciséis

17

fitoambinifolo

diecisiete

18

valoambinifolo

dieciocho

19

siviambinifolo

diecinueve

20

roapolo

veinte

100

zato

cien

1.000

arivo

mil

1.000.000

tapitrisa

millón

Anglisy

inglés

Anglisy amerikana

inglés americano

Fiteny sinoa mandarina

chino mandarín

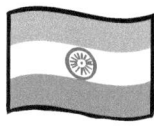

Hindi

hindi

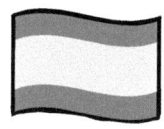

Espaniola

español

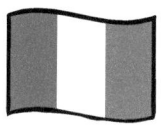

Frantsay

francés

Fiteny arabo

árabe

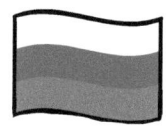

Fiteny rosiana

ruso

Portogey

portugués

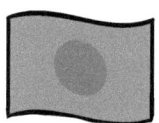

Bengaly

bengalí

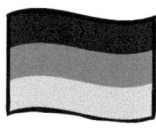

Alemà

alemán

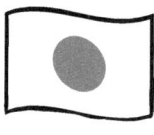

Japoney

japonés

izaho

yo

ianao

vos

izy / io

él / ella

isika

nosotros

ianao

ustedes

zareo

ellos

iza?

¿quién?

inona?

¿qué?

ahoana?

¿cómo?

aiza?

¿dónde?

oviana?

¿cuándo?

anarana

nombre

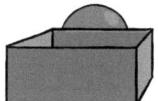

aorina

detrás

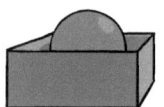

anaty

en

anoloana

adelante de

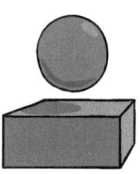

any

por encima de

ambony

sobre

ambany

debajo de

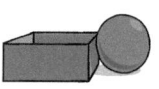

ankila

al lado de

afovoany

entre

toerana

lugar